das neue buch
Herausgegeben von Jürgen Manthey

Reiner Kunze
Sensible Wege

Achtundvierzig Gedichte
und ein Zyklus

das neue buch
rowohlt

Veröffentlicht im Rowohlt Taschenbuch Verlag GmbH,
Reinbek bei Hamburg, November 1976
1.–10. Tausend November 1976
11.–15. Tausend Juli 1977
16.–20. Tausend Dezember 1977
21.–25. Tausend Mai 1979
26.–28. Tausend Januar 1982

Umschlagentwurf Christian Chruxin und
Antje Petersen
Gesamtherstellung
Clausen & Bosse, Leck
Printed in Germany
1000-ISBN 3 499 25080 2

dem tschechischen volk, dem slowakischen volk
českému národu, slovenskému národu
českému l'udu, slovenskému l'udu

und es war schön finster

DER HOCHWALD ERZIEHT SEINE BÄUME

Der hochwald erzieht seine bäume

Sie des lichtes entwöhnend, zwingt er sie,
all ihr grün in die kronen zu schicken
Die fähigkeit,
mit allen zweigen zu atmen,
das talent,
äste zu haben nur so aus freude,
verkümmern

Den regen siebt er, vorbeugend
der leidenschaft des durstes

Er läßt die bäume größer werden
wipfel an wipfel:
Keiner sieht mehr als der andere,
dem wind sagen alle das gleiche

DIE BRINGER BEETHOVENS
(für Ludvík Kundera)

Sie zogen aus, Beethoven zu bringen
jedermann
Und da sie auch eine schallplatte hatten
spielten sie zur rascheren einsicht
die sinfonie nr. 5 c-moll opus 67

Der mensch M. aber sagte,
es sei ihm zu laut, das
mache sein alter

Über nacht setzten die bringer Beethovens
maste an straßen und plätze
spannten drähte befestigten
lautsprecher und mit dem morgen
ertönte zur bessren gewöhnung
die sinfonie nr. 5 c-moll opus 67,
laut genug daß sie gehört ward
auch in der ferne

Der mensch M. aber sagte, ihn schmerze der kopf,
ging heim gegen mittag schloß
türen und fenster und lobte
die dicke der mauern

Herausgefordert, knüpften die bringer Beethovens
draht an die mauern und hängten
lautsprecher über die fenster daß
durch die scheiben drang
die sinfonie nr. 5 c-moll opus 67

Der mensch M. aber ging aus dem haus und zeigte an
die bringer Beethovens;
doch jeder fragte ihn, was er habe
gegen Beethoven

Angegriffen, klopften die bringer Beethovens
am tore des menschen M., stellten als er es auftat
hinter die schwelle den fuß; die sauberkeit lobend
traten sie ein
Zufällig kam auch die rede
auf Beethoven
und zur belebung des themas hatten sie
zufällig bei sich
die sinfonie nr. 5 c-moll opus 67

Der mensch M. aber schlug mit der eisernen schöpfkelle
ein auf die bringer Beethovens
Er wurde verhaftet zur zeit

Mörderisch nannten die tat des M.
anwalt und richter der bringer Beethovens
Doch hoffnung sei immer
Er wurde verurteilt
zur sinfonie nr. 5 c-moll opus 67
von Ludwig van Beethoven

Da trommelte M. und schrie
bis stille war

Er war schon zu alt, sagten die bringer Beethovens
Am sarge des M. aber, sagten sie,
stehn seine kinder

Und die kinder verfügten
daß gespielt werde
am sarge des menschen M.
die sinfonie nr. 5 c-moll opus 67

DAS ENDE DER FABELN

Es war einmal ein fuchs . . .
beginnt der hahn
eine fabel zu dichten

Da merkt er
so geht's nicht
denn hört der fuchs die fabel
wird er ihn holen

Es war einmal ein bauer . . .
beginnt der hahn
eine fabel zu dichten

Da merkt er
so geht's nicht
denn hört der bauer die fabel
wird er ihn schlachten

Es war einmal . . .

Schau hin schau her
Nun gibt's keine fabeln mehr

DAS ENDE DER KUNST

Du darfst nicht, sagte die eule zum auerhahn,
du darfst nicht die sonne besingen
Die sonne ist nicht wichtig

Der auerhahn nahm
die sonne aus seinem gedicht

Du bist ein künstler,
sagte die eule zum auerhahn

Und es war schön finster

LIED VOM BIERMANN

Wo wäre das bier ohne biermann?
Im faß

Helles bier dunkles bier
ausgeschenkt nach dort und hier
Ihr wolltet nicht trinken

Wer trinkt nun das bier dieses biermann?
Der Grass

Starkes bier dünnes bier
ausgeschenkt nach dort und hier
Ihr wolltet nicht trinken

Biermann sei ihrmann?
Achwas!

Mann ist mann bier ist bier
Biermann kam von dort nach hier
Ihr wolltet nicht trinken

eine kleine deutsche stadt

«Reuß-Schleiz-Greiz und Hinterpommern»
Heinrich Heine

DREIBLICK

1

Greiz grüne
zuflucht ich
hoffe

Ausgesperrt aus büchern
ausgesperrt aus zeitungen
ausgesperrt aus sälen

eingesperrt in dieses land
das ich wieder und wieder wählen würde

hoffe ich
mit deinem grün

2

Ich hoffe
mit jedem axthieb geführt
bei strafe des verdurstens

FISCHRITT AM NEUJAHRSMORGEN

Stadt, schlüpfrige, halt
still

Ah, jetzt erkenn ich's, du
bist ein fisch

He, ich balanciere auf dem rücken eines
fisches

Dächer, sagt ihr, nüchtern gebliebene, das
sind silberne schuppen

Jaja, ein märchenfisch, das schloß
trägt er wie eine krone

Ein verzauberter prinz, ein
Reuß, ein
debiler

Schon gut, wir werden schlafen
und zu mittag

wird er wieder eine
stadt sein

REITER ZWISCHEN TAG UND TAT

Die vögel zersingen den schlaf

Die gedanken
geben dem herzen die sporen

Sie sprengen davon, während ich
liege

Sie werden es zuschanden reiten, wenn ich
nicht aufsteh

ERSTER FRÜHLINGSTAG

Frauen ich sehe euch
fenster putzen

Und der himmel, der schillernde vogel,
wird sich in eure gläsernen fallen stürzen bis zum abend bis
sein entzündetes auge verglüht, der
graue erblindete vogel, der
schwarze vogel, dessen
gelbes auge euch nackt sieht

Frauen ich sehe euch
fenster putzen

Am abend werden sie das licht
weitersagen wie gute worte wie
verschämte worte wie
worte hinter vorgehaltner hand wie
ungewollte worte

Frauen ich sehe euch
fenster putzen

Daß der tausendschwänzige regen
wenigstens nicht diese nacht
gegen die scheiben schlage, schlagen
alle fenster ein kreuz

RADFAHREN

Ablenken, hin
zu den wäldern

Die autofahrer lächeln
wie erwachsene

Und wirklich, im wald
auf ästelndem pfad, knarrt
die kinderknarre in den speichen

Wenn wir absteigen
wie von einem schüttelsieb, ist der geist
feiner sand

und lockt zum spielen

DER TABAKDRACHE

Wenn du rauchst
bist du ein drache
(die tochter)

Ich bin ein drache

Jetzt begreifst du
den wald um uns

Jetzt begreifst du
das tal unter uns

NAMENSÄNDERUNG

Du stachelst du
bist ein igel
(der sohn)

Ich bin ein igel

Meine stacheln aber sind blumen ein
kindergeburtstagsstrauß

Schmetterlinge sitzen
auf und ab

Vergiß, mein sohn. Ich bin
dein vater nicht, bin nur
ein igel der

blüht

DAS PLAKAT

Gescholten schlugst
an meiner tür du an
das plakat: einen

löwen

handgemalt handgroß

Ein zirkuslöwe: hochgeschnellt
die hinterpfoten als
mache er handstand geschlossen
die grimmigen augen harrend schien's des
peitschenknalls

Tochter, nie
gelang mir dieses kunststück

DREI BILDHAUERETÜDEN
(für Elly-Viola Nahmmacher)

1

Auch nach dem sturz
stirbt der baum im baum
nur langsam

Wie im menschen der mensch

Ihm den
kern nehmen,
aushöhlen ihn

Das
macht brauchbar

2
(auftrag zu einer weihnachtskrippe)

Das volk
will ochs und esel

Auch den hauch ihres atems
wenn möglich
aus holz

3

Und wieder und wieder gekreuzigt
Christus

in holz und stein
kupfer und eisen
glas und gips

Aber die auferstehung

SERENADE IM SOMMERPALAIS

1

Der gartensaal ein schwerer leuchter

Ein spalier von kerzen
dem allegro, das
durch jahrhunderte kommt

Geschlossnen auges greift
der cembalist, ein
erleuchteter

Erleuchtung bricht
aus kunst und fuge

Wir sitzen
unbewegt, als brenne auch in uns
eine kerze

2

Dann, im park,
fliegen schwarze käfer davon, geigenkästen
unterm arm, stadtein
gehn sie zufuß (unterm mantel für kühlere abende
hängen die schwarzen flügel hervor)

Wir gehen hinterher und suchen
goldene brücken

DER APFELESSER
(für R. W.)

Deine neigung galt
den abgefallenen

Als verneigtest du dich

Mit denen
mache keiner sich die müh, sie aber
seien die reifsten

Du stiegst durch gras und kraut
wie durch die zeit

FÄLLT MIR 'NE HÜBSCHE GESCHICHTE EIN

In jeder
zehn schwarze weisheiten

Sauer
ist die erfahrung dessen, der
nur dem apfel glaubt
am ast

MACHT UND GEIST

Nein sie lauert nicht mehr (daß er
das haus verlasse) fährt nicht mehr
hart an den bordstein (einsteigen, besprechung bei
X), im wagen
entsichernd

Ihre reflektoren
blenden ihn nicht mehr

Nur die erinnerung in ihm
ist belichtet

AM BRIEFKASTEN

Die marke steht kopf
Der kopf steht kopf

Aus versehen
Aus versehen?

– – –

Am besten
ein neuer umschlag

HYMNUS AUF EINE FRAU BEIM VERHÖR

Schlimm sei gewesen
der augenblick des
auskleidens

Dann
ausgesetzt ihren blicken habe sie
alles erfahren

über sie

KURZER LEHRGANG

Dialektik

Unwissende damit ihr
unwissend bleibt

werden wir euch
schulen

Aesthetik

Bis zur entmachtung des
imperialismus ist
als verbündet zu betrachten

Picasso

Ethik

Im mittelpunkt steht
der mensch

Nicht
der einzelne

DEUTSCHLAND DEUTSCHLAND
(für Alexander Solschenizyn)

Ihrer standhaftigkeit
hörte ich sie sich
rühmen

Nicht der standhaftigkeit eines
batteriechefs, ausgezeichnet
mit orden und wunden

Nicht der standhaftigkeit eines
siegers, verurteilt
zu lager exil

Nicht der standhaftigkeit eines
dichters, der
dennoch schreibt

Der standhaftigkeit, als einzige
verschwiegen zu haben
das buch eines standhaften

hörte ich sie sich
rühmen

VON DER NOTWENDIGKEIT DER ZENSUR

Retuschierbar ist
alles

Nur
das negativ nicht
in uns

DIE ANTENNE

1

Sie abzusägen, drohte
die straße

Die antenne flüchtete
unter den first, hier

zeigte auf sie
das haus

Die antenne flüchtete
ins zimmer, hier

zeigten auf sie
die wände

Die antenne flüchtete
in den kopf, er

bot sicherheit

2

Vorerst

ZWEITES GEDICHT ÜBER DAS FENSTERPUTZEN

Den rahmen säubern
von der möglichkeit des gitters, den wirbel
von der möglichkeit des galgens, den sims
von der möglichkeit des letzten schritts

Die scheiben putzen, nichts
trübe den blick

Atmen
den frieden der fenster die
nachts nicht verschweigen müssen
ihr licht

JEDER TAG
(für Elisabeth)

Jeder tag
ist ein brief

Jeden abend
versiegeln wir ihn

Die nacht
trägt ihn fort

Wer
empfängt ihn

LESUNG

Da war auch einer der
schrieb mit

wortumwort
versumvers

schrieb

Am morgen verschwiegen
die zeitungen

Am abend zeigte der bildschirm
bilder

von der festigkeit

HEIMFAHRT AUS Z.

Angemauert an meinen weg
das gefängnis schlotschwarz düstre
wucherung von zellen ein
tumor aus steinen

Der gelbe bus weicht aus

ELEGIE

Weimar totenglöckchen
an der deutschen eiche

Du läutest
zur Fürstengruft

Du läutest
zum Ettersberg

Du
läutest

Wo aber bleiben
die vögel

ERINNERUNG AN GREIZ

Häuserhänge wie
von naiven gemalt, längs
der dächer führn straßen schornsteine stehn
wie kilometersteine

Am schloßturm
fahnen, ausgehängt nach
ost und west, zwei
taube ohren

Der kirchturm eine schusterale
für die schuhe gottes

Wälder wälder, auszuschweigen
das wort

DEZEMBER

Stadt, fisch, reglos
stehst du in der tiefe

Zugefroren
der himmel über uns

– – –

Überwintern, das
maul am grund

hunger nach der welt

MORGEN IN MARIENBAD

Parkrasen geschoren wie
gräberkissen

– – –

Am sanften seil des quells
läutet die galle

KOLONNADENKONZERT

Niedergeschrien von den spatzen, aufgepickt
ton für ton, tönt
der walzer

Unsterblich knirscht er unter den sohlen,
die Blaue Donau voller sand

Die galle tanzt auf den steinen

SENSIBLE WEGE

Sensibel
ist die erde über den quellen: kein baum darf
gefällt, keine wurzel
gerodet werden

Die quellen könnten
versiegen

Wie viele bäume werden
gefällt, wie viele wurzeln
gerodet

in uns

BESUCH IN MÄHREN BIS NACH MITTERNACHT

Zäh widersetzte der hand sich
die wegwarte

Bei Halas am grabstein, erbarmungslos
wie die wahrheit, welkte sie
bevor wir gingen

Von den straßenbäumen hingen
fledermäuse aus grummet

Die freundesseufzer
über so viel zwetschen, so viel
nicht geschriebene sätze, spießten wir
auf angespitztes holz, im reisigfeuer
brieten sie
mundgerecht

Der Große wagen wartete
am rain

Wir stiegen ein, in jedem arm
einen zwetschenbaum, leere räume hinterlassend
in des hausherrn garten

Langsam
würden sie sich füllen
mit zeit

BEI E. IN VŘESICE

Er nahm uns auf die töpferscheibe
und formte krüge aus uns

Skácel fiel barock aus
wie der zwiebelturm von Sulíkov

Kundera geriet auf eigenen wunsch
dreieckig (kunststück)

Unterm sanften druck der hände wurde ich
ein krug aus Mähren

Dann füllte uns der meister
mit löwenzahnwein

Als wir gingen, schwer
wie steingut, schlug mir der apfel am baum

gegen die stirn

DORF IN MÄHREN
(für Peter Huchel)

Fünf jahre heiratete niemand
in Touboř keiner
starb kein kind
wurde geboren

Lautlos blüht am hang
die wegwarte

EINLADUNG ZU EINER TASSE JASMINTEE

Treten Sie ein, legen Sie Ihre
traurigkeit ab, hier
dürfen Sie schweigen

MAHNUNG AN EIN VERSPRECHEN
(für Milan Kundera)

Milan, leere
seite unsres
gästebuchs, in deiner ganzen blöße liegst du
aufgeschlagen auf dem tisch

Jaja, die mädchen hier sprechen
nicht tschechisch

DÜSSELDORFER IMPROMPTU

Der himmel zieht die erde an
wie geld geld

Bäume aus
glas und stahl, morgens
voll glühender früchte

Der mensch
ist dem menschen
ein ellenbogen

KLEINE REISESONATE

Allegro vivace

Wie der hahn durchs zaunloch,
geduckt, den schnabel fast
am boden, die flügel
angelegt, so
zwängte ich mich
unter dem schlagbaum hindurch

Ich hatte nichts bei mir außer
meinem hunger nach der welt

Böhmen Mähren Slowakei – ein flügelschlag,
Ungarn ein zweiter, dann
schüttelte ich mich,
reckte mich
und krähte

Und da die sonne nicht kam,
pickte ich
ein korn

Auch in Rumänien wächst der mais
nicht in den schnabel

Adagio

Kronstadt, angeschmiedet
an den fuß der Karpaten und an
meinen, ich
darf nicht weiter

Nein, keinen bruder habe ich in Bukarest, nur
brüder

Brâncuşi aber zählt nicht

Und irgendwo hoch die sonne Rumäniens, harter
dollar, kaum einzuhandeln gegen
freundliche gefühle

Scherzo

Siebentageregen über Bukarest

Doch die freunde
rollten einen großen weißen käse durch die straßen,
eine sonne, ihre bärte [leuchtend –
hielten sie wie schirme

Alle züge endeten in Prag

(Anstelle eines trios)

Von der messerspitze kosteten wir
schafskäse und
verse

Der käse, freunde, war
gesalzener

Allegro ostinato

Zerknittert, ein
ein-leu-schein, zerdrückt
in dunklen taschen Rumäniens, gewechselt
im regen, zerknüllt
zwischen faustgroßen erdbeeren, hühnern (lebendig
gebündelt), rosen, knoblauch, hingestülpt
in den bukarester trolleybussen, die
im sprung genommen werden wie
steppenpferde, betastet
von kellnerfingern, dichterfingern, fingern
der miliz, in
bruderhänden gehalten,
handwarm,
so

        erwachte ich, zurückerstattet
meinem vaterland, geprüft
auf echtheit, dreimal
gewendet, doch

unerkannt und
mit heimlichen fingerabdrücken
neuer freunde

DIE BRÜCKEN VON BUDAPEST
(für Elisabeth)

Die brücken erinnern ans lieben

Weil sie
überbrücken
        wie die arme der liebenden die nacht
        der phallus den tod

Weil sie
von neuem überbrücken und
        dennoch
        dennoch
        dennoch

Die brücken erinnern ans lieben: spannung
wie in den muskeln liebender

Die Margareteninsel,
entbunden des keuschheitsgelübdes, spreizt
die schenkel ihrer brücke, der himmel
ein männerauge

Zwischen ferse und schulter
ein einziger bogen, erinnert ans lieben
die brücke der brücken

mit deinem namen

UNGARISCHE RHAPSODIE 66
(für Tibor Déry)

Der schaffner kam in der uniform
eines postillions

In der schwarzen ledertasche auf der hüfte hatte er
die Donau diesen schweren
doppelbrief, versiegelt
mit einem mohnfeld wie
mit einem blutfleck

Budapest schimmerte durch den umschlag
wie vor dem gewitter

Ich durfte nicht öffnen, doch
lange las ich auf der pußta nachts
die steile schrift der blitze

PUSCHKINS MICHAILOWSKOJE

«Die front ging hier
durch den garten»

Beklommen, doch
ohne schuldgefühl

Verzeiht

Wer immer
die angreifer wären hier jetzt zum gegner hätten sie
mich

Wer immer einfallen wird
in die offenen gärten der dichter

WEISSE NACHT

Nichts am himmel das
die liebenden zudeckt

Nicht einmal schwarzes perlon
für die haut

Nichts, nur
ein abgebrochener knopf

Und auch er
leuchtet

WECKRUF
(für einen jungen dichter im geteilten Deutschland)

Untersagt worden sei dir
eine reise nach W.
Unklarheit herrsche über
deine person
Plötzlich

Verkennung, schreibst du
Unterstellung, schreibst du
Diffamierung, schreibst du, was

hättest du geschrieben wäre dir
gestattet worden
auch diese reise

FANFARE FÜR VIETNAM

Meine worte will ich schicken gegen
bomber
            bomber
                        bomber

Mit meinen worten will ich auffangen
bomben
            bomben
                        bomben

Meine worte aber haben
                                    handschellen

PRAG FRÜHJAHR 1968

anschlagtafel

Ihr recht
plakatieren die farben: zu wissen
woher und nicht
wohin

theater

Die pantomime gebar
sprechende kinder die sagen

alles

(Sie grüßt
aus der ferne)

zeitungsleser

Verkehrt
liest das volk die zeitung: von
vorn

Das tor von Slavia gegen Sparta das
dem leben einen sinn gab ist
zweitrangig

HYPOTHEKEN GESUCHT FÜR
FUNDAMENTE

RÜCKKEHR AUS PRAG
Dresden frühjahr 1968

Eine lehre liegt mir auf der zunge, doch
zwischen den zähnen sucht der zoll

einundzwanzig variationen über das thema ‹die post›

1

Wenn die post
hinters fenster fährt blühn
die eisblumen gelb

2

Brief du
zweimillimeteröffnung
der tür zur welt du
geöffnete öffnung du
lichtschein,
durchleuchtet, du

bist angekommen

3

Tochter, briefträgerin vom
briefkasten bis zum
tisch, deine stimme ist
das posthorn

4

O aus
einem fremden land, sieh
die marken . . . Wie
heißt das land?

– – –

Deutschland, tochter

5

O ist
die marke schön: der wolf und
die sieben geißlein und
seine pfote ist
ganz weiß . . . Wer
hat den brief geschrieben?

Vielleicht
die sieben geißlein,
vielleicht
der wolf

. . . der wolf ist tot!

Im märchen, tochter, nur
im märchen

6

Tochter
du plünderst kuverts? Ach nur
das blaue schiff und
den lustigen hahn?
Die stempel sind lesbar:
HAMBURG PARIS

Ich will alle briefmarken
wegschließen

7

Tochter –
briefmarkensammeln was
ist das schon

Wie ein schmetterling
leicht werden wenn
du eine schmetterlingsmarke siehst

wie ein vogel
fortfliegen wenn
du eine vogelmarke siehst

8

O freude des frankierens

Der brief ist
ein weißer hals
die marke
das amulett

der brief ist
eine wolke
die marken
sind vögel

der brief ist
schnee
die marken
sind mäuse

der brief ist
das tischtuch
die marken
sind rosen

(schalterbeamte ihr
entwertet ein
kunstwerk)

9

HIER BEDIENT POSTHAUPTASSISTENTIN L.

Hinter der barriere,
auf die ich meine nackten briefe lege,
sitzen
Sie

Sie verfügen
über feuersalamander auf rotem gestein
über scharen kleiner igel
über schmetterlinge in orange und hellblau

Sie
sind gott

Sie verpassen meinen briefen
grasgrüne uniformen

Sie
sind der feldwebel

10

Niemals beschwere dich über
die post

An allen schaltern
verweigert sie dir

die kleinste
billigste die
letzte
der verweigerbaren freuden –

die
seltene
gewöhnliche
zwanziger

11

Brief
du fliegst die grenze an

Ich wünsche dir
einen himmel aus papier,
die größere geschwindigkeit

Du
trägst keine bomben

12

Eilzustellung / Exprès
Berlin (west) 20. 1. – 13 uhr
Greiz 26. 1. – 21 uhr

Brief
Berlin (west) 1. 2. – 17 uhr
Greiz 9. 2.

Was
der tochter sagen im
postmuseum?

13

Tochter, schwer
fällt das warten bis
der zug kommt bis
er abfährt bis
wir aussteigen

Doch wenn man stirbt
zwischen zwei briefen

14

Schöne weiber
kursierten unter den belagerern
Neapels, hinsank
das heer an
syphilis

Alle nachrichten sind
weiber

15

Bad Godesberg, 4.9.
«... wir haben die Nachforschungen nach dem letzten Einschreibebrief bei der Post eingeleitet: bisher noch ohne Ergebnis ...»

Bad Godesberg, 10.9.
«... vielen Dank für Ihren letzten Brief, dem ich entnehmen muß, daß Sie auch mein letztes Schreiben nicht erhalten haben ...»

Bonn, 26.10.
«Zu dieser Postsache: Sie landete wohl dort, wo wir vermuteten, denn wir erhielten die Bestätigung. Der Brief wurde an Sie nicht weitergeleitet ... Übrigens war darin noch ein Brief eines Mannes aus der Schweiz an Sie ...»

Briefe ihr
weißen läuse im
pelz des vaterlands, wartet,
die post ist
ein kamm!

16

(für Jan Skácel)

Briefträger, freunde, wenn
mir's nicht mehr reichen wird für
briefmarken, gebt mir

eine mütze
eine tasche
eine straße und
viel post

Ich werde
keinen brief verlieren, die ecken
nicht umknicken (VORSICHT
BEI DEN GROSSEN ANSICHTSKARTEN – ich
weiß)

Trauerschreiben
halte ich zurück bis
alle briefe ausgetragen sind

Stets
trag ich mit mir einen brief für
entmutigte

(Nur überlaßt mir keinen brief aus
Mähren, ich
begänne zu dichten)

17

Briefträger sein

Tag für tag
erwartet werden, eine
hoffnung sein, das unüberbrückbare
überbrücken mit
jedem schritt

Briefträger sein

Tag für tag
bis vor die türen der menschen gehen, nicht
eintreten dürfen

18

Es läutet – um
diese zeit?

Die
eilpost! Die welt
gibt ein zeichen!

– – –

GUTEN TAG WIR
HÄTTEN UNS GERN MIT IHNEN
UNTERHALTEN...

19

Wie ein gitter
fällt der schatten der fensterstäbe
aufs papier.

Es ist weiß.

Schuld genug.

20

(unserer briefträgerin der
vielgeschmähten: IST DAS ALLES?!)

Einmal,
nach einem sehr schönen brief,
werde ich ein fest geben für
briefträger, die briefe austragen
aus leidenschaft, für
schalterbeamte, die grasgrüne marken
zum blühen bringen, ein
fest von
hier
bis
zum
briefkasten

21

(dem tod)

Eines morgens
wird er läuten als
briefträger verkleidet

Ich werde ihn
durchschauen

Ich werde sagen: warte bis
der briefträger vorüber ist

ANMERKUNGEN

lied vom Biermann

Biermann: der chansonier und dichter Wolf Biermann
Grass: der schriftsteller Günter Grass

bei E. in Vřesice

E.: der töpfermeister Emil Ebr
Skácel: der tschechische dichter Jan Skácel
Kundera: der tschechische schriftsteller
und übersetzer Ludvík Kundera
Vřesice, Sulíkov: kleine dörfer auf dem
böhmisch-mährischen höhenzug
Löwenzahnwein: gibt es wirklich

INHALT